AF343133

QUELQUES LETTRES INÉDITES

DE PAUL BAUDRY

Par Julien MERLAND

Juge suppléant au Tribunal civil de Nantes.

*

Lorsqu'il y a quelques années, mon père écrivait ses *Biographies vendéennes,* il me disait en parlant de Paul Baudry : « Je ne m'occupe que des morts. Ce n'est donc pas moi qui écrirai sa biographie. » Hélas ! à un an de date, presque jour pour jour, l'un et l'autre devaient succomber et aller, à peu de distance l'un de l'autre, se retrouver là où on ne se sépare plus.

Pendant près de quarante années, mon père, qui avait connu Baudry enfant, entretint avec lui des relations suivies. Il me fut donné à moi-même de connaître le grand artiste et de pouvoir apprécier ses nobles qualités. On m'a souvent raconté qu'au moment où Baudry, premier prix de Rome, partait pour l'Italie, il voulut faire mon portrait. J'avais alors peut-être six à sept ans. Pris de colère et probablement de peur, je refusai obstinément de lui laisser prendre mes traits.

Des relations de mon père avec Baudry résulta une correspondance dont, aujourd'hui, j'ai recherché les traces. En fouillant dans les papiers de famille j'ai retrouvé onze lettres originales émanant de Paul Baudry et la copie d'une douzième. J'ai pensé que peut-être la communication en offrirait-elle quelque intérêt et c'est pourquoi je me suis décidé à les publier.

La première, par ordre chronologique, dont je n'ai que la copie, date de loin. Baudry avait alors une vingtaine d'années. Cette lettre, adressée aux parents de Baudry, fut reproduite par mon père dans son discours de Président de la Société académique de la Loire-Inférieure (année 1877). Je l'en extrais textuellement :

. . . .

« Nous vivons pour être heureux en définitive, il faut
» donc que la raison choisisse les droits chemins. Pour
» moi, c'est une conviction, l'homme le plus heureux sur
» terre, c'est celui qui a le cœur pur, l'esprit cultivé, une
» bonne tête et des bras pour gagner sa vie. L'on ne
» dépend plus de personne, lorsque tout le monde a
» besoin de vous. Ainsi est l'ouvrier. Qu'importe les révo-
» lutions et les bouleversements, il faut toujours des
» maisons, des souliers, des chapeaux, etc.; et l'on se
» passe fort bien de tableaux. Je veux donc qu'Ambroise
» apprenne un état manuel, je veux qu'il soit menuisier ;
» c'est un état intéressant ; on dessine tous les jours, un
» ouvrier intelligent a, avec le rabot, toutes les routes
» ouvertes vers l'art. Avec cette profession, on vit partout,
» et, dut-on la laisser pour devenir artiste, on a toujours
» cette ressource et la vie assurée.

» Si vous habitiez une grande ville, et qu'il y eut à
» choisir dans les métiers, peut-être aurais-je donné la
» préférence à la ciselure. Mais vous êtes à Napoléon, et
» le seul état qui me convienne pour Ambroise, est celui

» de menuisier ébéniste. Je voudrais aussi ne commencer
» que lorsque Ambroise aura quinze ou seize ans ; deux
» ans, c'est assez pour apprendre un métier, et alors, sûr
» de lui-même, de ses ressources, de sa vie, je l'emmène
» à Paris à mon retour, là nous serons ensemble, et je
» réponds du reste. Qu'Ambroise continue donc jusqu'à
» cette époque, ses études ; qu'il laisse de côté l'archi-
» tecture qu'il ne peut comprendre et qu'il dessine comme
» je le faisais. Mais voilà l'objection à laquelle vous vous
» arrêterez peut-être, et comme elle m'est venue souvent
» à la pensée, je ne veux pas manquer de vous en parler ;
» faut-il le faire aller au collège jusqu'à seize ans ? N'est-
» ce pas en faire une espèce de Monsieur, un demi-
» bourgeois manqué ; lui donner des espérances et des
» sottes ambitions pour le faire descendre plus tard, à
» l'atelier de menuisier, lui donner le rabot, qu'il prendra
» à contre-cœur, avec mépris peut-être, en se souve-
» nant d'un tel qui est à Saint-Cyr, ou d'un autre qui
» est devenu bachelier, étudiant, etc. Oui, c'est là
» l'écueil : mais pour un imbécile ! je connais assez mon
» Ambroise pour savoir que ce n'est pas à redouter pour
» lui, il n'aura pas d'envie, si ce n'est celle de faire bien,
» pas d'autre orgueil que de valoir, comme homme, le
» premier venu ; il saura, à cet âge, que la vraie supério-
» rité ne consiste que dans le cœur et la raison. Un
» homme est coupable de ne pas faire tous ses efforts pour
» s'instruire, et la bonne instruction, même la plus
» étendue, ne gêne pas pour tenir un outil. Qu'il dessine
» donc comme s'il devait devenir peintre, et qu'il manie
» le rabot comme un brave ouvrier ; un mauvais peintre
» est une calamité, et un menuisier, même médiocre,
» est utile.

» Alors, avec ces bons commencements, instruction,

» raison droite, bon cœur, des bras habiles au métier et
» au crayon, nous ne serons pas embarrassés et nous
» ferons notre chemin ensemble. »

Ce jeune Ambroise, dont Baudry parle avec tant de sollicitude, est devenu le célèbre architecte dont le nom est connu de l'Europe entière. Aujourd'hui, il pleure à chaudes larmes celui qui fut pour lui un second père. Obéissant à la plus pieuse des pensées, il rassemble tout ce qui émana de son frère et il écrit à chacun pour le prier de lui communiquer les lettres que l'on peut posséder de Paul Baudry. J'ai reçu, dans ce sens, une demande d'Ambroise Baudry et rien n'est plus touchant que sa lettre qui m'a été communiquée. Il veut, et il a raison, conserver à ses enfants tout ce qui se rattache à son frère et le leur laisser comme un modèle à suivre, afin qu'ils perpétuent à tout jamais le nom si illustre et si honorable des deux Baudry.

A une époque à peu près concomitante avec celle où fut écrite la lettre que je viens de transcrire, Baudry adressa de Rome la lettre suivante, la première dont je possède l'original :

A Monsieur le Dr Merland.

Rome, le 20 août 1854.

« CHER MONSIEUR MERLAND,

» J'ai été touché jusqu'au fond du cœur des soins que
» vous avez donnés à mon pauvre petit Ambroise. Je suis
» persuadé que vous l'avez sauvé et que c'est un bienfait à
» ajouter à ceux que j'ai déjà reçus de vous. Quel homme
» bon et charmant vous êtes ! Vous témoignez à vos amis,
» par tous les moyens possibles, que vous les aimez et que
» vous les aimez inaltérablement. Je voudrais être auprès de
» vous pour vous presser les mains et vous dire, dans toute

» l'effusion de mon âme, combien je vous suis reconnais-
» sant. Mais vous le savez, cher Monsieur, à quoi bon vous
» le dire. Nous nous entendons parfaitement et ces lignes ne
» vous apprendront rien. Il me reste seulement une crainte,
» une inquiétude : c'est que vous ne soyez affligé de ma
» paresse épistolaire et qu'une vilaine inspiration ne se soit
» glissée dans votre esprit pour vous faire croire à un affai-
» blissement de mon affection pour vous. Non, non, cher
» Monsieur, je vous aime toujours comme par le passé et le
» nombre de mes lettres n'a rien à voir là-dedans. Vous
» devinez, avec votre instinct d'homme d'esprit, que la vie
» artistique est un tourment continuel.

» Lorsque la toile est blanche, mille espérances ardentes
» vous clouent devant le chevalet. On a hâte de les voir
» vivantes et réalisées. Dans ces moments, une solitude
» morale immense se fait autour de cette idée fixe. C'est
» nôtre pierre philosophale que nous cherchons ; nous mar-
» chons comme des fous, comme l'astrologue du père
» Lafontaine, les yeux fixés sur l'étoile qui scintille et dis-
» paraît à chaque instant et il nous arrive mille accidents
» semblables à celui de la fable. Je ne sais point si je ferai
» la même chute. Mais enfin j'ai réussi à fixer l'image
» idéale que je poursuivais. La *Fortune* est une déesse
» vagabonde bien difficile à saisir. Mais l'audace sied si bien
» aux jeunes fous. C'est la passion de la jeunesse. Je l'ai
» prise par sa longue chevelure et je l'ai peinte dans le
» *simple appareil.* L'avenir me dira si je n'ai saisi que son
» ombre et si ses cheveux me resteront dans la main comme
» cela est arrivé maintes fois à en croire les poëtes.

» Voici mon sujet : *La Fortune et le jeune enfant* (Lafon-
» taine, fable XI, livre V). J'ai brodé sur ces deux vers :

» Mon mignon, je vous sauve la vie,
» Soyez, une autre fois, plus sage, je vous prie.

» Vous voyez, cher Monsieur, que le sombre Vendéen est las
» des meurtres, des luttes tragiques. Il a voulu prouver qu'au
» fond, il est bon enfant et que les joues veloutées et les
» lèvres roses le charment aussi comme peintre. Quoi-
» que ayant fait Sabinus dans le charnier des Gémonies, il
» est ravi à la vue des petits blondins au nez retroussé,
» aux sourires à fossettes; il abhorre, surtout dans l'art
» moderne, la *spécialité* dans le sentiment. Il croit que la
» peinture ne se fait pas comme un cent d'épingles. N'avez-
» vous pas frémi à cette idée qu'un homme fait par le bon
» Dieu, exécute toute sa vie des têtes d'épingles, rien que
» des têtes, un autre les tiges, un autre toutes les pointes!
» Cette idée m'a piqué au vif et je veux faire mon épingle
» tout entière. Voilà un bien vilain jeu de mots et je ne
» puis guère l'attribuer qu'à l'influence de ce bon M. Sauzet
» que j'entends peut-être trop souvent. Il est à Rome dans
» ce moment et il est ravi d'avoir été arrêté par un infor-
» tuné brigand qui lui a pris cinquante sous. Son histoire
» vaut cinquante louis pour l'importance qu'il lui donne, et
» depuis quinze jours il la raconte dix fois par soirée. Je
» vous épargnerai tous les faibles calembours qu'il place en
» se tapant sur la cuisse, geste oratoire dont il use trop
» fréquemment. Je me bornerai à vous demander si vous
» savez pourquoi nous sommes allés jeter l'encre dans la
» mer Noire. C'est son meilleur.

» Oh! mon Dieu! me voilà tombé dans cette abominable
» question d'Orient! En ressentez-vous le contre-coup dans
» la Vendée. Est-ce que la guerre vous inquiète en France?
» Il me semble à moi que cela va durer bien longtemps, et
» la poudre à canon va bien noircir les tableaux.

» J'ai causé politique, l'autre jour, avec ce charmant et
» amusant M. Ampère. Les lettres et les arts frissonnent au
» bruit du canon. Mais je m'aperçois tous les jours que les

» savants et les artistes sont des enfants insouciants et
» paresseux, qu'ils se laissent aller au courant de l'eau sans
» jamais se soucier d'aborder la rive. Ce bon M. Ampère
» continue avec la même activité flaneuse son ouvrage
» commencé, et c'est bien sans le savoir qu'il touche un peu
» à ce que Nicolas Ier voudrait prendre. Le titre de son
» ouvrage est, je crois, *l'Origine de l'art bysantin*. Vous
» avez lu les voyages de M. Ampère. Vous savez quel esprit
» et quelle bonhommie ! Eh bien ! c'est tout l'homme. On
» lui donnerait mon âge en voyant son imprévu et sa viva-
» cité d'imagination. L'autre jour, après un déjeuner *vif et*
» *animé,* il a voulu me soutenir, en prenant un accent
» marseillais des plus violents, qu'il n'y avait que Marseille
» qui fût d'origine grecque. Je lui ai ôté mon *chapia* et je
» lui ai dit en patois de paysan de comédie mêlé des beaux
» jurons du Bocage, *les antiquité d'e Nicbouille* (¹) *et*
» *d'Olonne.* Vous devez avoir deviné à ce surabondant
» bavardage, qu'il aime mon tableau et qu'il me l'a dit.
» Tant pis, voilà le bout de mon oreille.
    » Cette lettre a été vite et je regrette de l'avoir si mal
» remplie. Pardonnez-moi, mon cher Monsieur Merland, et
» conservez-moi toute votre bienveillante indulgence.
    » Adieu, cher Monsieur, je vous embrasse de tout mon
» cœur.

» Paul BAUDRY.

    » Mes hommages respectueux à Mme Merland. »

Cette lettre nous a paru charmante. Ecrite avec l'*humour*
d'un jeune homme, dans certaines parties elle dénote toute
la profondeur de pensée et tout l'esprit de celui qui devait
être le grand artiste. Ajoutons qu'il ne faut pas oublier

(¹) Ecquebouille, un des faubourgs de la Roche-sur-Yon.

qu'au moment où il écrivait cette lettre, Baudry avait vingt-six ans.

La seconde lettre est du mois d'août 1869. Elle ne porte pas de date. Mon père venait d'être nommé chevalier de la Légion-d'Honneur. Il ne savait qui avait pu le désigner à l'Empereur pour l'obtention de cette haute distinction. Il avait pensé que ce avait pu être Baudry ; il lui écrivit à ce sujet et en reçut la charmante lettre que voici :

« CHER AMI,

» Votre lettre m'a causé une bien grande joie en m'apprenant votre nomination de chevalier. Je dois vous avouer très sincèrement que mon cœur n'avait pu former jusqu'à présent que des vœux stériles pour la réalisation de cet acte de haute et pure justice. Vous êtes si aimé et si profondément estimé de tous vos amis que vous trouverez peut-être difficilement celui qui a eu le bonheur de faire signer à l'Empereur cette croix de vrai chevalier. Quant à moi, j'ai une méchante pensée pour cet ami, je l'envie.

» Mais je vous aime de tout mon cœur et vous serre affectueusement la main.

» PAUL BAUDRY.

» Je m'imagine que vos parrains sont M. Drouyn de Lhuis ou M. Émile Leroux. Si j'ai occasion de le rencontrer, je le saurai. »

Baudry, dans cette lettre, a commis évidemment une erreur de plume. Au lieu de Émile Leroux, il faut lire Alfred Le Roux, qui était alors député de la Vendée et dont le fils, M. Paul Le Roux, est lui-même, actuellement, un des plus sympathiques députés de ce département. J'ai aujourd'hui quelques raisons de croire que Baudry ne se trompait pas et que, avec une discrétion parfaite, dont il ne s'est jamais

départi, c'était M. Alfred Le Roux qui avait fait décorer mon
père.

Quelques mois plus tard Baudry venait d'être nommé
membre de l'Institut. Voici en quels termes il annonce sa
nomination :

Rome, le 26 mai 1870.

« CHER MONSIEUR MERLAND,

» Je tiens à vous apprendre moi-même, bien que vous le
» sachiez probablement, ma nomination à l'Institut. C'est à
» vous que je pense et aux quelques rares amis de ma
» jeunesse, lorsqu'il m'arrive quelque événement heureux
» dans ma vie d'artiste. C'est à vous, à défaut de mon père,
» que je reporte tout le plaisir que j'en puis éprouver. J'étais
» venu dans ce pays pour m'y retremper dans la solitude et
» poursuivre les études de mes grands travaux incessants de
» l'Opéra. Mon attente y a été entièrement trompée. J'ai
» eu ici de tristes préoccupations. Il m'est arrivé un ami
» extrêmement malade. Je suis devenu son soutien, son
» unique ressource. Mon pauvre ami a une maladie de
» poitrine arrivée, je crois, à la période fatale. Sa femme
» qui l'accompagne ne sait pas l'italien. Je les garde à
» Rome et vais être obligé de les suivre à Venise où le
» malade veut absolument se rendre. Il peut mourir sur le
» chemin. Voilà les deux faces de toutes les choses humaines:
» la douleur pour un peu de joie.

» Mon frère Ambroise a eu un grand triomphe à l'exposi-
» tion de cette année; il a exposé son projet de Vienne, qui
» lui a valu le 1er prix en Allemagne, et un nouveau travail
» sur le Forum romain.

» Il a obtenu la première des six médailles réservées à
» l'architecture.

» Ma santé est bonne, bien que j'aie eu comme d'habitude

» le tribut à payer au climat italien. Tout est bien maintenant.

» J'espère que Dieu dissipera toutes mes inquiétudes et
» qu'il me donnera la grâce d'accomplir ce que je viens
» faire ici.

» Veuillez agréer, cher Monsieur et ami, tous mes vœux
» pour vous et votre famille et croyez-moi bien toujours
» votre très affectionné,

» Paul BAUDRY. »

La quatrième lettre remonte à l'année 1871, au lendemain
de nos désastres :

A Monsieur Constant Merland, à Nantes.

Bordeaux, 11 mars.

« Cher Monsieur Merland,

» Je viens de recevoir votre lettre. Je suis sauf, ainsi que
» mon frère. J'ai quitté Paris il y a   mois avec lui (¹).
» Je l'ai dirigé vers le Caire.

» Mon pauvre frère a été terriblement exposé cet hiver et
» il a fait vaillamment son devoir comme tous les Vendéens;
» c'est une consolation pour moi d'avoir vu nos provinces
» de l'Ouest se montrer si vraiment françaises. Que de
» défaillances ailleurs ! J'ai encore le cœur brisé de tous
» nos malheurs. Mes travaux et mes études habituelles sont
» bien loin de moi. Je ne sais à quoi me rattacher. Je ne
» vous parlerai pas du siège de Paris. C'est un sujet d'amer-
» tumes et de souffrances pour moi. Cette lutte de cinq
» mois contre la populace et les Prussiens a été un enfer.

» Nous causerons de ces tristes choses quand nous nous

(¹) Un mot a été évidemment omis.

» reverrons. Ne maudissez pas trop Paris. Il a fait son devoir.
» On en dira jamais assez de bien ni assez de mal.

» J'ai rencontré ici Beulé qui m'a parlé de vous, et
» M. Gauja et son fils. Je crois que nous aurons la joie de
» revoir M. Gauja, préfet de la Vendée.

» J'irai de mon côté bientôt ; j'essaierai de vous joindre.

» Les deux Bonnin vont bien. J'ai été à Cherbourg pour
» voir Étienne. Il venait de quitter la rade sur la *Savoie*.

» Je vous serre la main bien affectueusement.

» Paul BAUDRY. »

Tout commentaire affaiblirait ces lignes. Baudry est là tout entier : Vendéen, grand homme de cœur, grand patriote.

Les cinquième, sixième et septième lettres datent de l'année 1875.

A ce moment, Baudry séduit par la magnifique plage de Saint-Gilles-sur-Vie, avait conçu l'idée de s'y construire un châlet. Il rencontra un propriétaire récalcitrant qui, pensant sans doute qu'il était millionnaire, voulut lui vendre à prix d'or quelques mètres de terrain sablonneux. Baudry renonce à son idée et s'exprime ainsi :

*A Monsieur le Dr Constant Merland, rue Copernic, 3,
Nantes.*

Paris, 21 juin.

« CHER AMI,

» Votre appréciation sur le seigneur X... me semble en
» tous points exacte. Je ne sais vraiment pas ce qu'espère
» ce vieux vérificateur. En tous cas, il ne lui viendra rien
» de moi et j'ajourne indéfiniment mes projets de Saint-
» Gilles.

» Les terrains du docteur Grolleau sont trop éloignés de

» la mer, et mon projet de petite maison n'avait d'autre
» raison que le voisinage immédiat du rivage et de la lame.
» Quand j'irai vous voir en septembre, rien ne nous empê-
» chera de pousser jusque-là en chassant, et nous verrons
» mieux sur le terrain.

» Je suis en train de m'installer; c'est bien long et bien
» ennuyeux. Je prévois que je ne pourrai me mettre au
» travail avant une quinzaine. Mais, quoiqu'il arrive, je
» quitte Paris le 1ᵉʳ septembre et je veux suivre vos conseils
» d'ami et de docteur. Un mois de pêche et de chasse valent
» mieux que les escrimes et les douches du gymnase Paz.

» Mes bons souvenirs à nos amis et aux vôtres.

» Votre ami ,

» PAUL. »

A quelques mois de là il nous écrivait pour tenir sa promesse de venir nous voir à notre campagne, à Challans :

A M. Constant Merland, aux Rallières, près Challans
(*Vendée*).

La Roche-sur-Yon.

« Cher Monsieur Merland,

» J'ai le désir de tenir la promesse que je vous ai faite.
» Mais je voudrais avoir de vous quelques indications pré-
» cises pour vous retrouver et surtout savoir si ma visite
» aux Rallières ne vous causerait en ce moment aucun
» embarras.

» Mais êtes-vous aux Rallières ? Peut-on y aller avec le
» fusil de chasse ?

» Quels sont les moyens de locomotion et les heures
» préférables ?

» Si ma lettre vous trouve dans votre retraite, j'aurai de

» suite ces petits renseignements ; si vous êtes à Nantes,
» soyez assez bon pour m'en aviser, car j'ai très peu de
» temps à passer en Vendée et j'ai des engagements dans
» des départements voisins.

» Veuillez présenter mes hommages à vos dames et
» croyez-moi toujours votre fidèle et très affectueux,

» Paul BAUDRY,

» La Roche-sur-Yon, rue Gouvion, 9. »

Quelques jours après, il nous écrivait de nouveau.

La Roche-sur-Yon, mercredi 22 septembre 1875.

« Cher ami,

» Je compte aller à Saint-Gilles après demain vendredi.
» J'y resterai peu de temps, car il faut bientôt revenir à
» Paris reprendre mes travaux. Si vous pouviez me faire
» prendre à Saint-Gilles samedi matin, j'irais passer la journée
» de samedi tout entière aux Rallières. Je ne pourrai qu'aller
» vous serrer la main et voir un peu vos champs. Il me faut
» rentrer à la Roche pour un petit travail de restauration
» de cuir de Cordoue que j'ai apporté de Paris et que je ne
» puis faire qu'ici dans ces quelques heures de vacances
» que je prends en Vendée. Si vous aimiez mieux dimanche
» pour ma visite aux Rallières, ayez la bonté de m'en prévenir
» par dépêche à la Roche.

» A vous,

» P. BAUDRY.

» Je descendrai à Saint-Gilles chez Malescot, sur le quai
» de Saint-Gilles, près le bureau des diligences. »

Nous eûmes le plaisir de recevoir Baudry et de chasser
avec lui. Je dois ajouter, pour être véridique, qu'il songeait

beaucoup plus à contempler la nature qu'à se livrer à des exploits sur des perdrix et des lapins. Je me rappelle l'anecdote suivante : Un lapin venait à lui. Quelqu'un le fit remarquer à Baudry et s'étonna qu'il ne l'ait pas tiré. Il répondit simplement : « Que voulez-vous !... Ces petites bêtes qui viennent à moi... J'aime autant les voir courir. Ah ! si c'étaient des perdrix qui s'enfuiraient, je ne dis pas.... »

Je me souviens cependant qu'il tua un écureuil sur la demande d'un de ses jeunes neveux qui l'accompagnait.

La huitième lettre se rapporte à une époque où de grands événements venaient de s'accomplir en Egypte. Ambroise Baudry s'y trouvait alors. Mon père, inquiet, écrivait à Paul pour avoir des nouvelles de son frère. Il en reçut la lettre suivante :

A Monsieur le Dr Merland, rue Copernic, 5, Nantes.

« Paris, 18 juillet 1882.

» Bien cher Ami,

» Je suis hors d'inquiétude pour Ambroise et sa femme.
» Ils viennent d'arriver en Italie. .

» Mon frère est resté au Caire jusqu'au 3 juillet et s'est
» embarqué le 5 pour le retour en France.

» Il sera bien sensible à votre lettre, il vous a toujours
» fidèlement conservé sa vive affection.

» Je ne sais ce qui se sera passé au Caire. Je crois que
» les événements si cruels d'Alexandrie ont été grossis. Déjà
» à Paris on a dit que tout n'est pas absolument détruit
» comme nous le disaient les premiers rapports.

» Enfin, grâce à Dieu, Ambroise est sain et sauf. J'ai appris
» aujourd'hui qu'il en était de même pour notre directeur de
» l'école, M. Maspéro, qui est resté intrépidement au Caire
» avec les quelques jeunes savants français. Une poli-

» tique un peu hardie nous eût épargné tous ces malheurs
» et les Anglais auraient pu faire débarquer des soldats au
» lieu de faire ce sot bombardement.

» Il n'y a pas d'armée indigène en Egypte ; c'est une
» pure ineptie de nos gouvernants d'y croire ; il n'y aura,
» vous le verrez, aucun combat d'Alexandrie au Caire. Mais
» l'impéritie de nos chefs militaires laissera le temps aux
» bandits d'incendier et d'assassiner.

» La hardiesse d'un général eût sauvé la vie à des millions
» d'êtres humains.

» Décidément, cher ami, tout baisse dans notre Europe,
» et surtout, hélas ! dans notre pauvre pays.

» Je vous envoie, cher bon ami, tous mes tendres souve-
» nirs d'affection, ainsi qu'à votre famille.

» Votre ami,

» Paul BAUDRY. »

Je ne puis indiquer la date de la neuvième et dernière
lettre adressée à mon père, cette lettre n'étant pas datée.
Elle doit remonter à une quinzaine d'années. Mon père avait
alors la pensée d'écrire la biographie d'un sculpteur vendéen,
Bousseau. Pensant que, soit par lui-même, soit par ses amis,
Baudry pourrait lui fournir des renseignements sur ce person-
nage, il lui écrivit et en reçut la réponse suivante :

« Cher Monsieur Merland,

» J'ai reçu votre dernière lettre avec un bien grand plaisir.
» Elle me prouvait que vous vous portiez bien et que vous
» employez utilement vos loisirs. Ces travaux sont tout à fait
» dignes de votre excellent et judicieux esprit.

» J'ai communiqué à un de mes amis, un peu bibliographe,
» la note que vous m'envoyez. Je vous avouerai à ma grande

» honte que j'ignorais l'existence de notre sculpteur vendéen.
» J'ai prié cet ami de compléter les renseignements que vous
» possédez et qui me semblent très étendus pour la vie d'un
» artiste. Vous savez que Vasari n'en sait pas si long sur des
» artistes italiens, allemands ou français dont il écrit la vie,
» quoique les œuvres et les noms soient souvent très célèbres.
» Quelle pénurie de détails pour les grands artistes de la
» Renaissance et même sur ses contemporains ! Il ne nous
» dit rien de la vie de Raphaël ; quelques anecdotes insigni-
» fiantes sur Michel-Ange, qu'il a pratiqué pendant de longues
» années, dont il était l'ami intime, voilà tout.

» Je doute par ces raisons qu'il soit possible d'étendre vos
» renseignements sur notre Vendéen.

» J'écris à Madrid à un artiste de mes amis ; peut-être
» aurons-nous de ce côté quelques indications sur ces travaux
» faits en Espagne, si toutefois ses sculptures n'ont pas été
» ensevelies dans la nomenclature usuelle, commode pour
» les ignorants (école de tel temps).

» Que d'œuvres distinguées, même belles, perdent leur
» extrait de naissance sous cette rubrique facile, école
» française, école italienne. Quand la chose est belle, on
» l'attribue à tel, le chef de file, puis les œuvres de second
» ordre de celui-ci passent à l'actif de l'école.

» Les anciens avaient la bonne habitude de ne pas signer.
» Le chef-d'œuvre s'affirmait sans le nom. Les (¹)
» Romains endossaient le reste.

» Sitôt que j'aurai quelque chose de satisfaisant et de
» nouveau, je m'empresserai de vous le communiquer.
» Recevez, en attendant, cher Monsieur Merland, l'expression
» de mes bien sincères et bien vives amitiés.

(¹) J'ai dû laisser ici en blanc un mot absolument illisible sur l'original.

J. M.

» Mon frère se joint à moi dans le même sentiment pour
» vous. Il est toujours très occupé à son Hôtel-de-Ville de
» Vienne. (C'est un concours public).

» Votre ami,

» Paul BAUDRY. »

En outre des lettres que je viens de citer, j'en possède
deux autres écrites, hélas ! à moi-même. Bien qu'elles ravivent en moi les plus cruels souvenirs, et peut-être à cause de
cela même, elles me sont doublement précieuses.

La première est datée du 17 janvier 1885, neuf jours
après la mort de mon père.

A Monsieur Julien Merland, rue Copernic, 5, Nantes.

« Monsieur,

» J'ai reçu avec une vive émotion la funeste nouvelle
» que m'apportait votre lettre.

» Je vous suis, Monsieur, reconnaissant de vous être
» souvenu de la profonde affection que j'avais pour votre
» vénéré père.

» Bien que nous fussions séparés depuis de longues
» années, ma pensée était souvent avec lui et au moment
» même où vous aviez les angoisses de sa fin, je parlais de
» lui à mon confrère de l'Académie française, M. Camille
» Doucet, au sujet des travaux littéraires qui occupèrent ses
» loisirs aux Rallières et à Nantes. Je n'aurai pas eu, hélas !
» la satisfaction de lui donner ce dernier témoignage de mon
» affection.

» Soyez assuré, Monsieur, que je garderai éternellement

» le souvenir de cette amitié qui m'a été si fidèle et dont je
» remercie Dieu.

» Agréez, cher Monsieur, l'expression de mes sentiments
« dévoués.

« Paul BAUDRY.

» Paris, 17 janvier 1885. »

La deuxième lettre est du 14 décembre 1885.

A Monsieur Merland, rue Copernic, 5, Nantes.

« Paris, le 14 décembre 1885.

» Cher Monsieur,

» Votre père, qui fut le meilleur et le premier ami de mon
» enfance, me chargea, il y a bien longtemps, de remettre
» au Secrétariat de l'Académie française ses livres (*Biogra-*
» *phies vendéennes*) et vous aurez su sans doute la distinc-
» tion que l'ouvrage de votre père a obtenue tout récemment ;
» mais je tiens à vous confirmer cet événement dont l'éclat
» eût été si apprécié de nous tous, et qui, malheureusement,
» ne ravive que d'amers et de douloureux souvenirs.

» Veuillez, cher Monsieur, agréer l'expression de mes
» sentiments dévoués.

» Paul BAUDRY (¹).

Je puis bien dire, je crois, que ce fut une des dernières

______

(¹) A cette lettre était joint l'extrait suivant du rapport de M. Camille
Doucet (séance du 26 novembre 1885, page 23).

« L'Académie accorde en outre une mention honorable à cinq petits
» volumes dans lesquels sont accumulés les meilleurs exemples de courage
» et de vertu, et que leur auteur, M. C. Merland, a publiés sous ce titre :
» *Biographies vendéennes.* »

lettres que dut écrire Paul Baudry. Un mois plus tard, il n'était plus. Les sentiments qu'il exprime dans ses deux dernières lettres sont bien l'expression de son cœur. Grand artiste, Vendéen dans l'âme, bon parent, ami sûr et fidèle, tel fut celui qui restera une des gloires les plus pures de ma chère Vendée.

Julien MERLAND.

Nantes, Mme ve Camille Mellinet, imp. — L. Mellinet et Cie, sucrs.